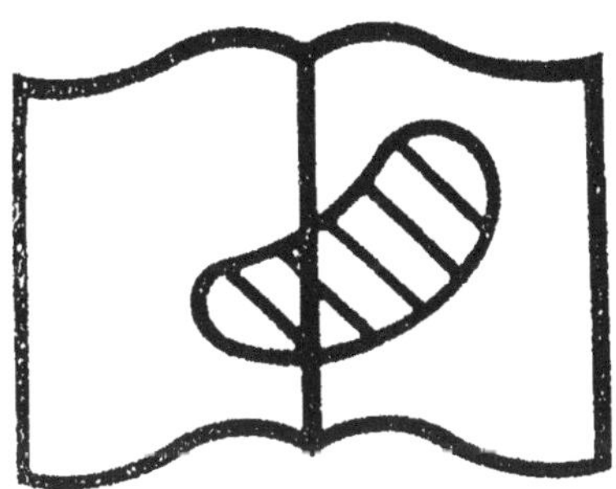

Valable pour tout ou partie
du document reproduit

Couvertures supérieure et inférieure manquantes

VOYAGE ETHNOGRAPHIQUE DE VENISE A CHYPRE

LETTRE D'ÉLIE de PESARO DATÉE DE FAMAGOUSTE, 18 OCTOBRE 1563

Traduite et commentée par **MOISE SCHWAB**, de la Bibliothèque nationale.

Dans un récent numéro de la *Revue de Géographie* (nov. 1878), le marquis de Sassenay esquissait à grands traits une notice géographique et historique sur l'île de Chypre, cette possession naguère encore turque, aujourd'hui colonie anglaise, et à laquelle, comme Français, se rattachent quelques-uns de nos souvenirs les plus glorieux du temps des Croisades.

Par suite du mariage de Jacques II, un des derniers descendants des Lusignan, avec la Vénitienne Catherine Cornaro, vers 1470, la république de Saint-Marc s'immisça dans les affaires de l'île et finit par s'en emparer. Sa domination dura 82 ans, et « fut acceptée sans trop de difficulté par la population européenne », jusqu'à la conquête turque en 1571. Depuis cette date, la décrépitude a été complète : « De toutes ces villes, autrefois riches et florissantes, Famagouste est celle dont la décadence est la plus frappante. C'est qu'on la retrouve après trois siècles telle qu'elle était au moment de sa chute. L'incurie des conquérants n'a relevé ni un monument, ni une maison... Dans cette ville qui a eu 300000 habitants, de splendides églises, des palais somptueux, d'immenses et riches bazars, on ne trouve aujourd'hui que la solitude et des ruines. Ces ruines, il est vrai, sont empreintes d'une rare poésie. D'après M. Gaudry, ces tours élégantes, ces flèches gothiques alternant avec de nombreux palmiers, ces restes d'arceaux, de colonnades et de fenêtres, font du panorama de Famagouste une des merveilles de l'Orient. »

Il serait donc intéressant d'évoquer quelque souvenir vivace sur cette « Pompéï du XVIe siècle », qui permette d'en reconstituer l'aspect avant sa chute, avant son ensevelissement. Or, nous avons, à cet effet, un témoignage oculaire, irrécusable, celui d'un voyageur du milieu de ce même XVIe siècle. C'est une lettre hébraïque d'un certain Élie de Pesaro, qu'il suffit de traduire et d'annoter à l'usage de nos lecteurs.

Cette lettre est datée du 1er jour du mois lunaire Marheschevan de l'an 5324 de l'ère de la création, correspondant au 18 octobre 1563. L'original hébreu unique se trouve parmi les mss. de la Bibliothèque nationale de Paris, n° 276,4° (anc. fonds, n° 124), dont M. Beer Goldberg avait pris une copie il y a plus de vingt ans, qu'il communiqua au célèbre historien de la littérature juive, feu le docteur J.-M. Jost. Ce savant, dès 1860, en donna (avec des notes explicatives dont nous profiterons largement pour notre compte) de notables extraits en allemand, dans le recueil *Jahrbuch für die Geschichte der Juden und des Judenthums* (Annuaire pour l'histoire des Juifs et du Judaïsme), t. II, Leipzig, 1861, p. 1-38. Il a engagé l'érudit M. Goldberg, éditeur de manuscrits, à publier le texte hébreu intégral, ce qui vient d'être réalisé [1]; car, ajoutait-il, cette lettre n'est pas seulement remarquable pour des admirateurs de la langue hébraïque, par sa forme, son style, le choix de ses expressions et allusions bibliques; mais encore et surtout par son contenu, pouvant offrir quelque intérêt à l'histoire.

Cette lettre mérite une attention spéciale à cause de la circonstance notoire que, s'il y a de nombreuses relations de voyages écrites par des Juifs, elles sont nées d'ordinaire tout à fait passagèrement, comme l'accessoire d'une autre œuvre. Ici, au contraire, nous nous trouvons en présence d'un récit fait *ad hoc*, entrant dans les moindres détails et particularités sans rapport immédiat avec la vie juive, ce qui est un cas absolument exceptionnel. De plus, l'époque et le lieu de la rédaction ajoutent un intérêt particulier à cette lettre. Famagouste était encore en pleine vie et activité, empruntant une bonne part de son mouvement à la fréquence des passagers; et il est étonnant qu'il n'en soit pas resté de description faite *de visu* [2].

Il importe donc vivement à l'histoire de faire connaître, d'une façon aussi intime qu'Élie de Pesaro l'a exposé, l'état de cette ville six ans avant le commencement de la guerre contre les Turcs et huit ans avant sa chute. Chemin faisant, on notera également les observations de l'auteur sur certaines localités qu'il a touchées en passant, les relations de Venise avec cette île et d'autres placées sur la route du Levant, les systèmes employés alors pour les transports maritimes et la navigation, les mœurs et coutumes des peuplades riveraines, leur manière de vivre, leurs denrées, leurs produits, leur commerce, jusqu'aux détails de religion.

L'auteur de notre lettre avait émigré de Pesaro avec toute sa famille dans le but de se rendre en Palestine, afin de fixer son séjour dans les lieux saints. Mais arrivé à Famagouste, il apprit que la peste régnait dans toute la Syrie; et il résolut alors de rester dans cette belle ville de Chypre, jusqu'à ce que le fléau eût disparu. A la suite de cet arrêt forcé, il adresse à ses amis et parents des récits circonstanciés sur son voyage jusqu'à son arrivée dans l'île, pour que ses compatriotes qui auront le désir, un jour, de voyager aussi en Orient, apprennent, par son expérience, tout ce qui leur sera utile en ce cas.

Il existe peu de renseignements biographiques sur cet Élie, à peine connu. Feu Carmoly, qui se faisait un jeu des difficultés historiques, lui a consacré une page, où il ne craint pas de se livrer à son penchant favori et si fâcheux de conjecturer bien au delà des faits connus, de les grossir, de les presser pour en faire surgir des hypothèses. Ainsi dans sa *Revue Orientale* (t. Ier, 1841, p. 92-3), il dit d'Élie [3] : « Après avoir enseigné longtemps à Venise, il se rendit en 1560 à l'île de Chypre et de là à Jérusalem, où il arriva vers la fin

1. Dans le petit recueil חיי עולם (Vie éternelle). Vienne, 1878, in-8 (30 p.).

2. Il y a une description écourtée, faite par ouï-dire, de cette ville lors de sa destruction, dans Jac. Aug. de Thou, *Historia sui temporis*, t. II, liv. XLIX.

3. L'article est traduit en allemand dans le *Literaturblatt des Orients*, t. II, col. 444. (Il n'y a rien à ce sujet dans l'*Histoire des médecins* du même, quoi qu'en dise par erreur le Catalogue des mss. hébr. de la Bibl. nat.)

de 1563, » tandis que la lettre s'arrête en Chypre. De même, Carmoly analyse les œuvres d'Élie et en énumère neuf, bien qu'il ne soit nullement prouvé que les travaux d'exégèse, au nombre de trois, qui précèdent le récit, soient du même auteur.

La personne qui s'est chargée d'apporter cette lettre en Italie est Éliézer Aschkenazi, rabbin de la communauté juive de Famagouste, qui allait à Venise chercher sa bru, fille de R. Samuel Juda, petite-fille du célèbre Rabbi Meir, de Padoue, comme Élie lui-même l'indique dans sa lettre (ci-après, § III, commencement).

Ce qu'il y a de plus curieux au point de vue à la fois ethnographique et philologique, ce sont les expressions techniques, parfois difficiles à expliquer, comme les termes de marine écrits en caractères hébreux, à peine traduisibles, et que les marins actuellement ne sauraient comprendre, par suite des changements considérables que la navigation a subis depuis trois siècles. Il y a lieu de présenter les mêmes observations à l'égard des diverses sortes de poids, mesures et monnaies, la plupart hors d'usage, et dont il est peu aisé d'indiquer la valeur moderne. C'est une difficulté de plus à ajouter aux versions de ce genre, et pour laquelle il est bien permis de solliciter l'indulgence du public.

Cela dit, passons au texte même de la lettre, en omettant les quelques lignes d'introduction, où Élie expose les motifs de sa présence à Famagouste, que nous venons d'indiquer.

I

Celui d'entre vous qui aura l'intention de voyager dans ces contrées devra porter son attention sur les points suivants :

Les *galeazze* [1] que le gouvernement vénitien expédie au dehors, soit à Frandera [2], soit à Tripoli, soit à Alexandrie, se ressemblent toutes parfaitement et sont organisées sur le même type sans aucune distinction. Chacune a une longueur de 70 aunes italiennes moyennes et une largeur de 18 aunes; chacune porte des pièces de grosse artillerie, sans compter les mousquets, fal connets, arquebuses, des boîtes à mitraille, des obusiers, enfin des boulets pleins de feu artificiel (poudre ?) sans nombre.

Chaque bâtiment est pourvu de trois mâts : un grand, un moyen, un petit. Au plus grand mât, situé au milieu, on attache la voile la plus large, *arti-*

1. On entend ici par *galeassa* un très grand bâtiment, usité dès les premiers siècles dans la Méditerranée comme vaisseau marchand, surtout dans la République de Venise. Comme vaisseau de guerre, la *galéasse* reçut une forme spéciale en 1560, par les soins de Giovani Andrea Bedoaro. Ainsi Sansovino, *Descrizione di Venezia*, IV, en dit : « Il quale fu inventore di ridurre la Galea grossa à facilità di combattere con la forza de' remi, la quale invenzione conservò poi la repubblica l'anno 1571. » Il est probable qu'après cette nouvelle invention, la marine marchande subit aussi de notables modifications, et cette nouvelle organisation a engagé l'auteur de notre lettre à donner une description détaillée des navires pour ses compatriotes. Dans la suite, il emploie le terme plus bref de *galea*.

2. Ce nom géographique, dans lequel on chercherait à tort le mot Flandre, n'est peut-être qu'une corruption du nom de Brindisi.

mone[1], composée de cinq pièces, formant un total de 2 500 aunes de toile. Parfois, cependant, à cause de la variation du temps, on la remplace par une autre, dite *terzeruolo*, comprenant une étendue de 1 700 aunes de toile; si l'orage éclate, on remplace la voile par une autre encore plus petite, n'ayant que 1 200 aunes, nommée *sfapeco*. Il y a enfin une plus petite voile encore, appelée *legonenia*, d'environ 1 000 aunes, dont on se sert seulement en cas de grand danger, lorsqu'on a presque perdu tout espoir de salut. Dieu vous garde de vous y trouver ce jour-là ! — Sur le mât moyen, qui se trouve tout près de la poupe, se trouve une voile nommée *mesana* (misaine), ayant un millier d'aunes; et au troisième mât, placé en avant, on attache une petite voile nommée *trinchetta*, n'ayant que 300 aunes.

Il n'arrive jamais que le gouvernement expédie une galère seule, quelle que soit la destination; mais elles se réunissent toujours deux ou trois à cet effet. Le chef préposé à la direction reçoit l'ordre formel de ne pas baisser la voile — signe de servage et de la plus grande humilité — en aucune circonstance, eût-il contre lui un nombre considérable de galères, ou des pirates se disposant au vol et au brigandage, de n'importe quel pays, ou quelle nation, ou quelle dignité; que ce soient des Turcs ou des chrétiens, à moins d'avoir devant soi une flotte dépassant cent voiles. L'infraction à une loi aussi sévère est, paraît-il, punissable de la peine capitale. L'usage habituel, pour éviter le danger, consiste à bien accueillir l'envoi du salut fait par les galères turques, de leur renvoyer un présent de 500 à 1 000 *scudi*, allant parfois à 2 000, selon le nombre des galères présentes. Après le paiement effectué, les forces hostiles se retirent aussitôt, s'écartant à l'ouest ou au sud, pour laisser le chemin libre. La somme est prélevée sur les dépôts des marchandises en transit, et la répartition se fait proportionnellement aux valeurs qui sont inscrites à bord.

Sur la *galeazza* supérieure, dite *capitana*, voyage toujours l'un des nobles de Venise, à titre de capitaine; sur l'autre, ou les autres, il y a des officiers nommés *conservi* (lieutenants). Sur la *capitana* se trouve un grand pavillon doré nommé *panno* (fanion), qui montre qu'elle est chargée de la direction et que le chef qui la monte commande aussi aux autres. Il donne l'ordre du départ et des arrêts; il a le droit d'imposer des amendes et même de punir de la vie. Il a auprès de lui des fonctionnaires chargés de maintenir les gens en respect, d'enchaîner les rebelles, et, au besoin, de pendre les malfaiteurs. C'est à lui que tous les passagers, grands ou petits, doivent obéir; et, à la suite de ses ordres, les lieutenants ne modifient rien. Aussi, ces derniers doivent toujours suivre la *capitana*, se trouver auprès d'elle, soit pendant la marche, soit à l'escale, ne jamais s'en éloigner à la distance d'un mille.

Le gouvernement a l'habitude de céder le fermage des galères à divers habitants, bourgeois ou nobles patriciens, contre un prix fixe, à forfait. Les fermiers deviennent maîtres à leur tour, cherchant à gagner par la location des places en détail, prenant à leur charge les frais à payer pour les ouvriers, les gens de service, les matelots occupés à chaque galère. Ils sont chargés de tenir une comptabilité sévère des personnes, des marchandises et des sommes d'argent qui se trouvent sur les bâtiments, et ils sont tenus d'avoir à cet effet un comp-

1. Cette désignation ne se rapporte évidemment qu'aux vieilles galères.

table accrédité. Le gouvernement choisit aussi pour accompagner la *capitana* douze personnes instruites, expertes en questions de marine, compétentes dans la connaissance du temps, très aptes aux calculs. Lorsqu'il se présente un cas grave, quelque changement notable dans l'état de la mer, ces experts se réunissent dans une salle de conseil, pour savoir ce qu'il y a à faire. C'est le conseil des Douze, dont la décision doit être immédiatement suivie d'effet.

Il y a toujours trois surveillants postés sur les galères, un en tête du grand mât, un sur la poupe et un autre sur la proue, servant trois heures, jusqu'à ce qu'ils soient remplacés à tour de rôle, tant le jour que la nuit. Ils ont mission de regarder en mer à une distance de 50 milles de toutes parts.

Sur chaque bâtiment il y a deux médecins, dont l'un est chirurgien, un barbier, un écrivain, un ecclésiastique, un tailleur, un forgeron, un cloutier, un cordonnier, un boucher, un berger chargé d'entretenir les bêtes. On peut trouver à y acheter toutes sortes de marchandises, ainsi que du vin, de l'huile, des œufs, du poisson salé, de la viande fumée, des fruits, des légumes, des biscuits (ou grains torréfiés). On y trouve un cuisinier et un boulanger.

Pour la direction de la galère, il y a un homme fort versé dans les courants marins : c'est le pilote, généralement assis à la poupe. Il connaît les sinuosités de la mer, ses récifs ou bancs de sables, et ses divers ports. Il rend compte de la marche du bâtiment à l'amiral [1], celui-ci donne les ordres au *comito*, lequel les transmet au *patrono*, qui enfin fait part aux passagers et à l'équipage de la direction suivie. Cette dernière catégorie est divisée en divers groupes, dont chacun est chargé d'une besogne spéciale, sauf à se réunir tous pour quelque travail plus grave, par exemple, pour enlever une voile ou pour la changer de côté. Chaque groupe se compose de six ou huit compagnons, sous les dénominations suivantes : les gabiers, plongeurs, *proeri*, *cordiani*, *mingondri* [2], *terzechi* [3], gens de chiourme (*onagari*?), *balistereri* [4]; calfats (*plombiri*), *scandolari* (vigies), *portulato*, *gaborvocile* [5]. Ils portent aussi le nom générique de *galeotti* (matelots de galère). Chaque individu a sa place déterminée sur le bâtiment, d'après son grade et sa valeur, dont il peut disposer à son usage, selon ses besoins, ou pour y placer ses marchandises, ou même la louer à d'autres.

J'ai parcouru toute la galère depuis le bas jusqu'en haut, tout est plein jusqu'aux bords; on y chercherait en vain une place vide, de quoi poser le pied sans entrer dans le domaine d'autrui, chaque emplacement étant contigu l'un à l'autre. J'y ai vu plus de 4000 barils pleins de marchandises diverses, d'huile, de vin, de vinaigre, de miel, surtout d'eau. Dans la cale réservée aux marchandises générales, il y a environ 500 ballots, sans compter les denrées

1. Voici l'ordre hiérarchique des officiers de marine d'alors : *capitano generale*, *capitano della galeazza*, puis le *capitano* spécial, l'*admirante*, le *patrono*, le *governatore*.

2. Peut-être ce mot composé contient-il en tête le terme *menale*, corde d'engin (selon Stratico); ou faut-il y voir le sens de forgerons?

3. « Fare il *terzarolo* è quando si raccoglie un terzo della vela e si loga all'antennale e si fa per la terza parte piu piccola, » dit l'*Armata navale* de P. Pantera (Rome, 1613, in-4), au *Vocabolario*, à la fin.

4. Sans doute : ouvriers des appareils de sauvetage, ou mieux : arbalétriers.

5. Charpentier (?). En général, ces dénominations italiennes, transcrites en caractères hébraïques, ne peuvent pas être lues avec certitude.

déposées dans des boîtes, ou caisses, ou dans des magasins spéciaux. En outre, il y a environ 400 cabines, car chaque passager en a une et parfois deux.

Le maître du bâtiment y amène, pour l'entretien des siens, 35 à 40 moutons, 2 ou 3 bœufs, 5 ou 6 veaux, de la volaille de toute espèce sans nombre. Chaque galère est pourvue de bois à brûler en quantité suffisante, et il y a plus de combustible qu'il n'en faut. Aux côtés de la galère se trouve une gondole, un canot, ou quelque autre petite barque, afin de pouvoir aller et venir en cas de besoin. Le total des personnes qui voyagent sur une galère, soit les maîtres, serviteurs, officiers, négociants, voyageurs et matelots, s'élève au chiffre de 400 [1]. Le poids des ancres, des tringles de fer, des cordages grands ou petits, employés pour les manœuvres de la galère, est considérable et ne saurait être déterminé.

La galère est pourvue de 80 gros avirons, soit 40 de chaque côté; mais l'on s'en sert peu, car le bâtiment est excessivement lourd, et il serait impossible de le mouvoir à bras d'hommes, même de le faire avancer de 4 aunes, si l'on n'a pas le concours du vent.

Il est défendu de faire du feu ailleurs qu'à une place fixée, où tous les passagers peuvent cuire sans frais.

Un gardien, chargé de veiller sur la cale, conserve toutes les valeurs qui s'y trouvent; il a sous ses ordres 8 serviteurs qui reçoivent pour complément de salaire un *marcello* (= 2 *baiocchi*) de chaque possesseur de marchandises, un en entrant et autant en sortant de la galère.

Tout chrétien se trouvant sur la galère, soit négociant, soit voyageur, qui ne regarde pas trop à la dépense, peut prendre place à la table du capitaine, en payant une somme fixe par mois. Moyennant quoi, on jouit de l'avantage de prendre les repas avant les autres, tant le matin que le soir, à la table du *castello* (salon). Le prix est de 10 ducats vénitiens par mois, chaque ducat représentant 10 marcelli 1/3 d'argent. Après que ceux-ci ont pris leur repas, c'est le tour de la 2ᵉ classe des pensionnaires du capitaine, ne payant que 5 ducats par mois. Puis arrive la 3ᵉ classe, dont la table est dressée à l'office, près du chef (*scalco?*); ceux qui la composent payent 3 ducats. Le maître du bâtiment encaisse les pensions et pourvoit aux frais. On mange à chaque repas de presque tous les mets de cette table, servie royalement; et pendant que l'on mange, que l'on boit, que l'on s'amuse, un orchestre complet, composé des instruments les plus divers, fait entendre la plus belle musique.

On est aussi tenu de pourvoir au logis pour y passer les nuits; ce qui se paie 4 ou 5 ducats pour toute la durée du voyage jusqu'à Tripoli seulement; il faut noter que les galères se rendant en Syrie suivent deux voies, dont l'une est celle de Beyrouth, et comme celle-ci est sise à 40 milles plus loin que Tripoli, le prix du loyer augmente.

Les emplacements que l'on trouve à louer sur la galère ont des valeurs bien diverses. Avant d'arriver aux magasins, il y a sous la proue deux pièces assez petites, situées l'une vis-à-vis de l'autre, très basses (dans l'entrepont), de sorte

1. Ce chiffre, assez respectable, paraît beaucoup trop petit à Jost, qui propose de lire 1200 ou 1400. Cependant, comme il vient d'être dit qu'il y a environ 400 cabines et que chacun a la sienne, nous maintenons le chiffre de 400 hommes.

qu'il est impossible à un homme de taille moyenne de s'y tenir debout; chaque pièce a une longueur de 2 aunes 1/4 et une largeur de 2 aunes 1/2. Au-dessous d'elles, il y a une cavité s'étendant jusqu'à la quille du bâtiment, qui, au milieu, a une hauteur d'environ une aune 1/2. Dans les bas-côtés de cette cavité, on peut conserver des tonnelets de vin, ou de petits barils d'eau, de vinaigre, ou d'autres biens quelconques, jusqu'à parfait remplissage. Pour le loyer, le patron demande 30 ducats, à condition de fournir toute l'eau dont le locataire a besoin pour boire et de lui laisser cuire tout ce dont il a besoin pour entretenir les personnes vivant avec lui dans cet emplacement. Pour cet engagement particulier, il faut rédiger à Venise un contrat régulier, en présence de deux témoins. C'est la place que j'ai choisie pour moi et les miens moyennant 32 ducats. Il est vrai qu'à cette place il fait très chaud; et comme les matelots chargés de descendre les voiles ou de les mettre au large sont tenus de passer par là, il faut leur laisser le passage libre à chacune de ces manœuvres. Cependant, j'y ai trouvé la tranquillité; il faut en tenir grand compte quand on a femme et enfants, ayant sans cesse besoin d'être réunis, avec les domestiques sous la main, pour arriver à ce que l'ouvrage se fasse. Ne prenez pas, en tel cas, d'autre place et ne l'échangez pas, car il serait difficile d en trouver une autre moins exposée aux tribulations et aux ennuis de toutes sortes qui vous attendent en mer. — Quoique le patron se soit engagé, pour cette location, de fournir l'eau, il ne faut pas trop s'y fier et avoir toujours des tonnes de réserve, en secret.

A la proue, il y a deux cabines à droite et deux à gauche, dont chacune est longue de 2 aunes 1/2, large d'1 1/2 et haute d'1 1/2. Au-dessus de chacune de ces pièces, il y a un petit espace, ayant la longueur et la largeur de la cabine sise au-dessous, mais n'ayant en hauteur qu'un peu plus d'une aune. Chacune de ces pièces, le dessus et le dessous, est louée de 9 à 10 ducats, parfois 12, pouvant suffire à 2 personnes. Ce sont de très bonnes places, et ceux qui en disposent se nomment *proeri* (travaillant à la proue).

Le milieu de la galère, dans toute sa longueur, est occupé par 12 cabines ayant chacune en longueur 2 aunes, en largeur 1 1/2 et une hauteur à peu près égale, dont le loyer se paie de 4 à 5 ducats. Au-dessous du grand mât se trouve une chambre qui appartient au maître du navire, qu'il est souvent disposé à louer, puisqu'il a une autre pièce auprès de la poupe, large et belle, aussi grande que deux cabines superposées. Cela se trouve surtout dans un bâtiment de *conservo* (en sous-ordre), parce que son maître séjourne d'ordinaire auprès de la *capitana*. Cette chambre est juste de la hauteur d'un homme et large de 4 aunes 1/2, mais fort sombre. On en demande 50 ducats de loyer, et il n'est pas permis d'y mettre une lumière à nu, mais renfermée dans une lanterne marine. Tous les fonctionnaires, le *sicarone*, l'*armilia*, l'aumônier, le patron, le cuisinier, ont des chambres ou cabines plus ou moins spacieuses, selon le grade de l'occupant, et ils les louent en conséquence, soit 14, soit 10, soit 8 ducats.

En général, il a été constaté qu'on ne peut pas déterminer d'avance toutes les dépenses à faire. Depuis bien des années, les juifs ont pris spontanément l'habitude de payer au maître du navire une certaine somme de compensation, soit un ducat par tête, pour laquelle les chrétiens ne paient rien, bien entendu en dehors du prix des loyers; car ce que l'on paye à l'officier pour droit de séjour n'est pas un profit pour le maître. Aussi, il était convenu de payer un ducat tant par homme adulte que pour la femme, et de payer un 1/2 ducat pour chaque enfant, fille ou garçon adolescents. Plus tard, on a augmenté ce droit, et au lieu de ducats on a demandé des sequins. Ce surcroît de frais n'a pas été jugé suffisant, et depuis une vingtaine d'années on perçoit un droit fixe de 3 ducats par personne. En cette année, les plus hauts fonctionnaires se sont réunis en conseil, et ils ont décidé de doubler encore ces prix, et que toute galère allant soit à Beyrouth, soit à Alexandrie, n'emmènerait pas de juif au-dessous de la somme de 6 sequins par chaque tête, soit enfant, soit grande personne. Il aurait bien fallu s'exécuter. Mais, heureusement, le maître de la galère sur laquelle je me trouvais eut égard à mon zèle, à la peine que je me donnais pour être utile à tous ceux qui arrivaient, d'autant plus qu'ils n'avaient pas de jeunes enfants comme moi; il consentit donc à la réduction du prix pour une personne et se contenta d'une somme de 6 ducats 1/4 par tête pour les autres de ma famille. Probablement, cet impôt va avoir force de loi pour les juifs du sol vénitien, car on a toujours été disposé à l'augmenter, non à le diminuer. Si donc l'on a beaucoup de personnes à emmener et que l'on sache se tirer d'affaire, on fera bien, avant toute location, de s'entendre à ce sujet avec le maître de la galère. Cette entente préalable ne peut qu'être avantageuse, en tous cas ne peut pas nuire; car toujours il y de la place, même au jour du départ, bien entendu à l'aller, de Venise à Beyrouth, car la galère n'est jamais trop chargée en effectuant ce trajet. Mais, au retour, il est bon de se hâter pour être des premiers.

Maintenant, mon frère [1], si tu veux suivre le bon chemin et te rendre ici par la voie de Venise, prête l'oreille et écoute bien tous les renseignements que j'ai à te donner. Que mon expérience te serve à bien te fixer « sur le chemin qu'il faut prendre » (Ps. XXXII, 8), afin que tu saches bien d'avance par où il faut entrer (Job, XXXVIII, 19) et par où sortir; que ton pied, allant à l'aise, ne trébuche pas.

Dans Venise, ne t'en rapporte à personne; même à ton propre frère, ou à ton meilleur ami tu ne pourras pas te fier, car vous tâtonnez tous dans les ténèbres, sans savoir où vous allez tomber; fussent-ils même aptes à donner un conseil ou à offrir leur concours, ils n'ont guère le temps de t'aider sans cesse, car à Venise les occupations sont nombreuses et ne font qu'augmenter, de sorte que chacun est forcé de songer à lui, surtout pendant les jours qui précèdent le départ d'une galère. A ce moment, toute la ville est en mouvement, et personne ne veut rien négliger de pressant. Alors, on est exposé aisément à des mécomptes qui peuvent devenir très préjudiciables. Je sais tout cela par expérience, et j'en atteste pour l'avoir vu. Aussi, fais attention, préserve ton avoir, sois ferme et prudent, pour éviter de tomber dans les pièges que l'on te tend.

Avant tout, tu iras au *Rialtò*, sur le côté de cette place nommé *l'Estereordinarj*. Tu y trouveras chaque matin et chaque soir les possesseurs de galères tenant séance, assistés de secrétaires assermentés, avec leurs livres ouverts

1. A partir de là jusque vers la fin (sauf les dernières lignes), la lettre ne s'adresse plus à toute la famille collectivement, mais à un frère seul; à moins que le mot *frère* soit ici l'équivalent d'*ami*.

devant eux, et tu leur diras : Sachez que j'ai avec moi tant et tant de ballots, d'effets personnels exempts des droits de douane, et d'autre part j'ai tant et tant de ballots en marchandises ou valeurs diverses soumises aux droits. Veuillez donc me rédiger 2 polices, dont l'une sera conçue en ces termes : Le sieur N. N. apporte sur la galère X tant de biens mobiliers personnels, qu'il place à tel endroit déterminé de la galère (*stazzo?*) ; car, si ce point n'a pas été stipulé dans la police, le gardien du port ne te permettrait pas de porter ces ballots à leur emplacement sans faire payer des droits douaniers pour le tout. Or, ce qui est inscrit dans la police est transcrit aussi dans le registre. Puis, si tu emportes des objets soumis à la taxe, tu diras encore : Rédigez-moi une 2e police indiquant que N. N. apportera sur la galère X tant et tant de ballots. Puis, tu te rendras avec ces polices à la *Gabella* (office des douanes); car, sans ces pièces, on ne te fera pas de *bulletta* (laissez-passer). Aussi longtemps que tu désires remettre quelque chose dans la galère, la *bulletta* estimera fort peu ce qui est exempt de droits; pour les valeurs soumises aux droits, il sera fait une estimation, et, en ce cas, paie la somme demandée. En général, tu peux compter qu'ils te feront payer environ 10 p. 100 au-dessus de ton estimation. Ensuite, tu demanderas au percepteur de l'impôt de te faire accompagner par un *riveditor* (contrôleur) pour examiner tout, bien relire si la police contient toutes les conventions faites, et cet homme, moyennant un léger pourboire, te facilitera la voie. Devant lui, les douaniers attacheront les ballots et mettront sur les nœuds 2 cachets de plomb, pour indiquer que le contrôleur les a vus. Après quoi, tu expédieras tous tes biens par un canot vers la galère. Pendant ce trajet, il se peut bien que tu rencontres toutes sortes de gens cherchant à te troubler; et, bien qu'ils verront ton laissez-passer et les cachets des ballots portant le sceau du gouvernement, qu'ils n'ont pas le droit de briser, ils chercheront à t'effrayer, essayeront de te faire retourner à la douane, en prétendant que le contrôleur n'a peut-être pas agi avec loyauté. En ce cas, ne manque pas de les calmer par le don d'une certaine somme; cela vaut mieux que de les contrarier et de les irriter, d'où il résulterait toujours pour toi un préjudice, une perte de temps et la dépense importante d'un aller et retour. De cette façon, j'ai eu à dépenser plus de 3 *scudi* d'or, ayant eu affaire à tant de gens; et rien qu'en *marcelli*[1] et *mocenichi* (menue monnaie), ils m'ont complètement dépouillé et mis à sec.

Lorsque tu seras arrivé à la galère, remets ta *bulletta* au portier-garde, qui, avec ses aides, portera lui-même les biens désignés sur la police dans les pièces où ceux-ci doivent rester. Il garde par devers lui les polices et remet par contre un récépissé des ballots qu'il a emmagasinés. C'est ce reçu que tu conserveras précieusement jusqu'à ton arrivée à Tripoli ; car sans cela, tu éprouverais les plus grandes difficultés à reprendre possession de ton bien.

Ne te fie pas à ceux qui, ne sachant pas la date exacte du départ de la galère, la fixent soit pour le jour même, soit pour le lendemain ; mieux vaut être en avance qu'en retard, et sois des premiers à mettre tes biens sur la galère. Ne t'attarde pas pour deux causes : 1° Lorsqu'approche le jour du départ, surtout la veille, chacun se presse pour entrer, et il arrive parfois que l'encombrement

1. Ce nom et le suivant proviennent de deux doges de Venise, du XVe siècle.

est tel auprès de la galère, qu'à un demi-mille en mer il est impossible d'approcher. Lorsqu'on parvient enfin à monter sur la galère, tout est plein, du haut jusqu'au fond, et il est impossible de faire quatre pas sur le pont. 2° Il arrive aussi que si l'on tarde à s'y rendre, la galère a quitté le port et mis sous voile à un mille de distance. Il ne servirait plus à rien d'appeler, de crier; les gens de la galère ne s'arrêteront plus et ne répondront même pas. Il faudrait alors fréter un bateau spécial, à grands frais, coûtant jusqu'à dix *scudi* d'or, ou plus, afin d'aller à Pola, rejoindre la galère à l'escale.

Il faut que tu saches que nul ne peut conserver auprès de lui les ballots pour lesquels on a payé des frais de douane, que ce soient des marchandises ou des effets personnels, si même il vous reste de la place libre dans votre propre cabine. Le maître de la galère ne permet de les garder auprès de soi que lorsqu'on a payé pour eux des droits spéciaux de location. C'est un usage admis, qui a force de loi. Par contre, en équivalence de cette location payée, le patron est tenu, dès qu'on le désire, de conserver ces bagages et de les emmagasiner dans la cale avec les autres marchandises. Le prix de cette location n'est pas fixe et varie selon le contenu des ballots. Ainsi, quant à moi, j'ai dû payer à Venise pour 4 ballots de vêtements en laine et en fil, que j'avais emportés pour l'usage seul de toute la maison; il est vrai qu'ils étaient neufs, et l'on m'a demandé pour droits 22 *scudi* d'or, les estimant ensemble à la valeur de 200 *scudi*, outre un droit de location de 6 *scudi*.

Toute somme d'argent en espèces que tu emporteras sur la galère, pour la transporter d'une province à l'autre, est sujette aux mêmes règlements, égaux pour tous voyageurs, soit juif, soit chrétien, soit turc; il faudra en faire la déclaration préalable au maître du navire et payer un droit proportionnel de 1 1/4 p. 100. Il est permis de les garder avec soi, ou, si tu le préfères, tu peux les confier au patron, en toute sécurité; il te les conservera bien et te les restituera, soit à Tripoli, soit à tel autre moment où tu désireras les reprendre pendant le trajet; que tu aies compté les espèces, ou qu'elles aient été remises en sacs cachetés, il te les rendra dans le même état. Il sera également dressé une police détaillée à ce sujet, que tu auras soin de bien relire, afin de savoir si tout y est exactement stipulé, si le paiement des droits de location y est spécifié, vérifier si au registre des dépôts c'est inscrit d'une manière conforme, enfin garder soigneusement cette police pour reprendre plus tard les sacs ou les espèces. Tu désigneras convenablement les sacs, à ton idée, afin de les reconnaître, lors de la réception, par des signes extérieurs, également inscrits sur la police et au registre.

Avant que tu quittes la galère, on te demandera, sous la foi du serment, si tu n'as pas d'autre argent que la somme déclarée, et à Tripoli une perquisition en règle a lieu, dans laquelle on visite avec soin tes effets et tout ce que tu as sur toi, on fouille tout dans ta chambre et jusqu'à ton lit. Si alors on trouve une somme quelconque, non déclarée d'avance, on te la prendra, conformément à la règle, qui prévient que cet argent serait perdu, sans appel. Prends donc bien tes précautions et n'omets pas de payer les droits, pour ne pas perdre le capital. Bien des gens te diront de n'en avoir pas souci, qu'il n'y a pas de danger : ne les écoute pas et ne te laisse pas entraîner par de tels conseils. Le plus souvent, les bourgeois qui ont affermé les galères, tout en étant des gens élevés fort honorables, sont tenus à des rigueurs : payant des prix fort au-dessus de ce qu'ils peuvent tirer du produit d'une galère, ils craignent de ne plus retrouver leur compte dans les détails. Puis, par dépit ou chagrin, ils ne manquent pas de se rattraper sur les gens qui enfreignent les règlements, et ils ne l'épargneront surtout pas si c'est un Juif.

Pour tout paiement que tu dois effectuer auprès du maître de la galère, soit pour les personnes, soit pour les effets ou biens mobiliers, soit pour les espèces, soit enfin pour les locations, tu peux parfaitement le remettre déjà à Venise, avant le départ, dès qu'on te le demandera, pourvu que tu reçoives un reçu régulier. On y compte les *scudi* à raison de 6 livres 18 soldi, et les *zecchini* se comptent sur le pied de 8 livres 14 *soldi* d'argent vénitien. Si tu paies en retard, seulement à Famagouste ou Tripoli, ils ne prennent les *scudi* qu'à raison de 6 livres 12 *soldi*, et les *zecchini* pour 8 livres net, le tout selon l'usage du pays. De plus, en payant à Venise, tu leur fais plaisir ; car, avec le montant de ces sommes, le patron achète des marchandises sur lesquelles il gagnera encore en débarquant, et, de ton fait, il aura acquis un profit, sans préjudice pour toi.

Pour l'entretien de route de chaque personne, aie soin de te munir d'un 1/2 *scudo* de biscuit, d'un *marcello* de pain, d'une outre de vin, de 3 cruches de vinaigre, d'un peu de viande fumée, de fromage, d'œufs, de sel, d'huile, de cierges en cire, d'une lanterne, d'un vase en cuivre pour tes besoins, de pots et brocs pour cuire, munis de leurs couvercles, toujours en cuivre ; n'oublie pas des légumes secs, de l'ail et des oignons. Tâche d'être en bons termes avec le cuisinier, promets-lui un certain pourboire s'il te laisse une petite place au feu, et qu'il ne laisse personne te nuire. Conclus tout avec lui prudemment, pour éviter toute possibilité de contestation, et garde en mains une partie de ce que tu as l'intention de lui donner, jusqu'au moment de le quitter, lors de l'arrivée au terme du voyage.

Tous les hommes occupés sur la galère sont des gens d'argent, sans foi, plein d'astuce et de ruses ; on ne peut pas se fier à leur parole. Garde-toi d'avoir aucune relation avec eux, ni en bien, ni en mal. Si l'un d'eux t'adresse de gros mots, fais la sourde oreille ; « ne réponds pas au sot d'après son langage » (Proverbes, XXVI, 4), ou réponds en termes gracieux ; à ceux qui sont assis en face de toi, ou auprès de ta cabine, donne une petite part de ce dont Dieu t'a gratifié, ils pourront te rendre service à l'occasion et t'honoreront. C'est avec précaution que tu feras ces distributions d'argent, car elles n'auraient pas d'effet pour gagner les premiers chefs, soit le capitaine, soit le maître du navire, car l'objet le plus beau et même ce qu'ils accepteraient serait non avenu à leurs yeux, à cause de leur orgueil, et le plus souvent ils repousseront tes présents avec fierté.

II

Je n'ai jamais eu de journée plus agréable que celle du mercredi 15 du mois d'Ab 5323, ou 4 août 1563, lorsque nous avons quitté la grande ville de Venise son port pour nous rendre en Terre sainte. A la sortie, nous formions un ensemble de 5 galères, dont 3 se rendant à Alexandrie, 2 à Beyrouth, et sur chacune d'elles il y avait beaucoup de juifs. J'avais loué pour moi, sur la *capitana*, les cabines décrites plus haut auprès de la proue, dans l'entrepont. Toutes les galères firent ensemble un trajet de 1100 milles, jusqu'à un point faisant face à l'île de Candie et que l'on nomme le *Cabo* (?). A partir de là, l'ensemble s'est divisé en 2 parties; les galères en destination d'Alexandrie continuèrent leur route vers le port de Candie, siège du gouvernement, au milieu de l'île; et nous prîmes le large, en dehors de cette ligne, faisant en mer 47 milles.

De Venise à Pola, le trajet direct serait de cent milles; mais, en réalité, nous avons fait plus de 150 milles, à cause du détour qu'exige la traversée, pendant laquelle on contourne les pays de l'Istrie. A Pola, nous sommes restés 7 jours. C'est une grande ville, ayant peu d'habitants, longue et étroite, fort laide; on n'y trouve rien de bon, et l'air est malsain. On dit que l'eau y est corrompue, et le chiffre de la mortalité fort élevé. J'y suis descendu plusieurs fois, sans avoir pu trouver à y acheter des vivres, pas même du pain. La plus grande partie du tour de la ville se compose de ruines ouvertes à tout venant, et pas un juif n'y demeure. Je n'y ai rien vu de remarquable, sauf, auprès d'une porte, un château antique délabré, avec un puits auprès de lui. On prétend que c'était le manoir d'Orlando, construit en cercle comme la *Rotonde* à Rome, et ils vont jusqu'à dire que c'est une construction du diable ou de sorciers.

Là, les deux *capitani* de la galère se sont entendus pour prendre chacun à tour de rôle le commandement pendant une semaine. Notre capitaine l'a pris la première semaine est parti en avant, et les autres l'ont suivi à titre de *conservi* (lieutenants), selon leur rang. Le samedi 25 Ab (14 août) de grand matin, nous avons continué notre route, longeant toute la côte de l'Herzégovine, passant devant de nombreuses localités, comme celles de Zara, Raguse, Cattaro, Lesina, Castelnovo, cette dernière placée sous le pouvoir du sultan, etc. Après avoir achevé de longer cette contrée, nous entrions vis-à-vis des côtes de l'Albanie, passions devant Belonia (ou Arona), jusqu'à ce que nous atteignîmes Corfou. A mi-chemin, nous avions eu à subir un violent orage, de quoi nous engloutir dans la mer en furie; pendant trois jours et trois nuits, les vagues s'amoncelaient et nous passaient parfois sur la tête, au point que nous avons craint d'y perdre la vie. Nous avons invoqué Dieu de toute notre âme, et il a exaucé notre prière ardente: la tempête s'est apaisée, les vents se sont calmés, les vagues se sont aplanies, et grâce à un courant favorable nous sommes arrivés à Corfou le jeudi 19 août (néoménie d'Éloul). Béni soit Dieu, qui nous a témoigné sa grâce au jour du danger.

A une distance de 30 milles de Corfou, nous avons trouvé 12 canots plats venant à notre rencontre du port de Corfou, selon l'usage. C'est le moment où éclate une joie dont on ne peut se faire aucune idée, si l'on n'a pas vu la gaieté bruyante de cette foule, les coups de feu tirés par les grosses pièces de la galère, par l'artillerie de tout calibre, joints aux sonneries des trompettes et des cors, pendant plus de deux heures. Puis ils ont attaché devant chacune de nos galères deux de ces canots plats et nous ont entraînés avec des cordages (chaque galère est montée par deux cents rameurs), pendant que les galiotes mettaient les avirons en mouvement de toutes leurs forces, pour nous traîner le plus vite possible. La galère du *proveditor* (inspecteur des bateaux de surveillance), qui a la direction des gardes, passe au devant, et toutes les autres suivent successivement, escortées finalement par une autre, vide, qui fermait la marche. Douze *precatole* (canots) les entouraient de toutes parts, marchant tantôt en avant, tantôt en arrière, jusqu'à notre arrivée, ce jour-là, dans l'intérieur du port de Corfou, vers l'heure du repas.

Aussitôt après, je me suis rendu dans la ville pour acheter du blé, du pain et des vivres. — J'y ai trouvé deux communautés, en tout environ soixante-dix familles, la plupart Siciliens ou Apuliens. Les uns se livrent au commerce d'argent, les autres à la profession de teinturiers ; d'autres sont tanneurs, d'autres marchands de mercerie. La religion et la crainte de Dieu sont méconnues en cette ville ; les habitants ne connaissent ni la loi, ni les usages ; la haine et la discorde règnent au milieu d'eux. Malheur à la pâte dont le boulanger lui-même médit ! Or, ils témoignent eux-mêmes de leurs vices et de leurs défauts, et ils n'ont pas menti en ne faisant pas l'éloge de leur ville. — En entrant dans la ville, j'ai vu qu'ils emportaient trois morts, pour les enterrer ensemble. Je les ai blâmés à haute voix, les invitant à enterrer les trois un à un, comme il convient. Mais ils n'ont pas eu égard à mes paroles et m'ont répondu qu'ils n'auraient pas le temps de retourner à cette œuvre une deuxième ou une troisième fois. Leur cimetière est situé dans l'intérieur de la ville.

De Pola à Corfou, il y a six cents milles de distance. La ville est située en partie dans la plaine et en partie sur la colline. Elle est aussi grande qu'Ancône, et elle est pourvue d'un château fort, grand, beau, solide, situé au milieu de la ville sur un côté, gardé par deux cents mercenaires italiens. En outre, quinze barques vides y croisent sans cesse pour protéger la ville contre l'arrivée des pirates. Elle est fort laide ; ses chemins sont pleins de boue, ses impasses poudreuses, sales, remplies d'ordures et de détritus. L'eau est mauvaise, la nourriture fort chère, et c'est à grand'peine que nous avons trouvé à y acheter de quoi nous suffire. Le pain est noir et pas assez cuit, plein de son et de terre. Les boulangers n'ont pas assez de moulins pour suffire aux demandes, et il en résulte que le pain, insuffisamment préparé, n'est pas mangeable. Ils ont des courges en masse, qui ne ressemblent nullement aux nôtres, mais sont fort douces et bonnes. Nous avons trouvé beaucoup de viande de bœuf, du poisson salé, du raisin mauvais et aigre, des légumes secs, des oignons, de l'ail et des produits de ce genre en grande quantité.

Le lundi 23 août (4 Éloul), nous nous sommes remis en route, après un arrêt de trois jours, selon l'usage. Le départ des cinq grandes galères a eu lieu ensemble, accompagnées des quinze canots plats pendant un trajet de quarante milles, jusqu'à un petit port nommé San-Nicolo, d'où ils sont rentrés en paix chez eux. De là, nous avons poursuivi notre route le long de l'Albanie jusqu'à notre arrivée à Zante, qui est à une distance de deux cents milles de Corfou, le jeudi 26 août (7 Éloul). La ville est sise au pied d'une montagne. L'île entière forme une grande plaine, bonne et agréable, riche surtout en vins et en huile fine, en miel supérieur très beau, en fruits sucrés, des poissons et des œufs en quantité ; enfin il n'y manque rien de ce que l'on peut désirer. On y trouve aussi du fromage apprêté selon notre rite. Seulement, tout ce que l'on vend est assez cher, et j'ai même entendu dire que l'arrivée de la galère a provoqué ce renchérissement.

Il y a là une communauté juive, composée d'une vingtaine de familles venant de la Sicile ou de Tunis, tous riches. Ils prêtent de l'argent à intérêt, sur le pied de 20 p. 100. Mais il est remarquable qu'ils ne sont pas désireux de prêter de l'argent sur gage ; ils préfèrent se livrer au commerce, sur lequel ils gagnent davantage. Aussi ont-ils leur maison remplie de marchandises à peu de frais. Par suite de leur fortune excessive, ils ne se connaissent plus d'orgueil, ils oublient Dieu, à qui ils doivent cette richesse, se fient outre mesure dans leur avoir et se glorifient de leur bien-être. Vraiment, lorsque j'ai vu leur synagogue délabrée et en piteux état, aussi mal entretenue que la grande route, livrant passage aux bêtes fauves et pleine d'immondices, j'ai eu le cœur serré; car, abstraction faite du respect qu'inspire ce lieu saint, je n'aurais pas pu reconnaître si c'est une écurie ou un abattoir. Au jour du sabbat, une dizaine de personnes s'y réunissent généralement pour prier, au hasard ; mais les autres jours de la semaine, ils ne s'adonnent qu'aux occupations mondaines et à la vanité, chacun poussé par son caprice. Malheur à eux, « ils demeurent dans les tentes de l'impiété, dans le séjour de l'iniquité [1] ». Ils vivent parmi les Grecs sans foi et les imitent en tout.

On m'a raconté que la plupart d'entre eux ne trouvent guère de cas défectueux parmi les bestiaux égorgés selon le rite mosaïque. Sur notre demande, on a tué un veau, que l'on a déclaré bien sain, propre à la consommation. Or, j'ai vérifié, après l'examinateur officiel, s'il n'y avait pas de défaut, et j'ai parfaitement distingué qu'un poumon était attaqué, attenant par un abcès à la graisse du cœur (cause notoire de rejet). Ceci est fort grave. Non seulement ils ne veulent pas reconnaître, ni regretter leurs anciens péchés ; mais, de plus, ils ont convenu en secret qu'à l'avenir ils se garderont d'égorger une bête en présence d'une personne instruite, compétente dans la législation religieuse. « Qui a souci de son âme devra s'éloigner de telles gens, » et ceux qui pratiquent la loi divine leur deviennent hostiles (Proverbes, XXII, 5).

Nous sommes restés à Zante cinq jours, et le mardi 31 août (12 Éloul) le départ a eu lieu, et nous avons passé tout près de Modon, distant de Zante d'environ 150 milles, à mi-chemin de Venise à Famagouste. A 3 milles plus loin, nous avons atteint la place nommée *Capo al porto* [2]. C'est là que les galères se rendant à Alexandrie se sont séparées de nous, poursuivant leur voie plus près de la terre, pour aborder à Candie ; tandis que nous autres, nous tenant plus éloignés de la côte, avons contourné l'île, faisant un chemin d'environ 300 milles, — l'île entière ayant une circonférence de 700 milles — pour reprendre ensuite le large en haute mer. Le passage devant les lagunes, ou bancs, et la traversée du golfe forme un trajet de 500 milles, pendant la durée duquel nous n'avons aperçu aucune terre. En route, nous avons eu une tempête de deux jours et une nuit, qui a commencé à nous secouer violemment. Après quoi, Dieu a fait surgir pour nous un vent favorable, qui a conduit le navire avec calme et sécurité jusqu'à ce que nous ayons atteint la pointe de l'île de Chypre, à une distance d'environ 20 milles de Famagouste. Là, nous avons trouvé 20 canots plats, qui vinrent à notre rencontre, selon leur manière, chargés de surveiller la localité. Le samedi qui précède le nouvel an de 5324, le 11 septembre, nous

1. Ps., LXXXIV, 11 ; Job, XVIII, 21.
2. Ou : [illegible].

sommes entrés à Famagouste. Elle est éloignée de Zante d'une distance de 1300 milles ; ce qui fait que depuis Venise jusqu'à Famagouste, nous avions suivi un trajet de 2200 milles.

En abordant ici, nous avons appris avec une grande terreur que toutes les contrées de la Syrie sont frappées de la peste ; la main de Dieu s'est appesantie sur elles depuis le mois d'Adar 1er, jusqu'à ce jour. Ce sont surtout Jérusalem la ville sainte, Safeth, Alep et Damas qui ont le plus souffert, ainsi que Beyrouth et Tripoli. Certes, on nous a donné l'assurance que, dans toutes ces localités, le fléau avait diminué et n'est plus aussi violent qu'il l'était ; mais il n'a complètement cessé qu'à Tripoli. On y a envoyé avant tout une frégate, qui, en deux jours, fit le voyage d'aller et retour, et put attester que la ville était tout à fait saine. Cependant, j'étais encore sous le coup de la frayeur conçue en apprenant ces mauvaises nouvelles, et je ne me hasardais pas à affronter ce danger, qui pouvait être mortel pour moi et pour les miens. Les galères s'arrêtèrent ici six jours, et le jour même du nouvel an hébreu 5324 (18 septembre), au lever de l'aurore, elles reprirent la route de Tripoli, où elles arrivèrent le lendemain, second jour de cette fête du nouvel an, à une distance de cent milles. Le vénérable et distingué Salomon de Pise, un savant allemand se rendant avec sa famille à Jérusalem, trois personnes du Levant allant à Safeth, un vieillard du Portugal venu avec moi de Pesaro, toutes ces personnes ont préféré remonter dans la galère pour aller jusqu'au bout. Que Dieu les guide, fasse prospérer leur voyage, les préserve de tout mal et de toute angoisse, détourne d'eux le satan destructeur, et dans sa bonté infinie veille sur eux, les protège, ainsi que les autres restes du peuple d'Israël. Ainsi soit-il. Amen.

Seul, je suis resté ici, et avec moi un certain sieur Isaac d'Apulée, qui autrefois avait demeuré à Ferrare ; car nous voulions attendre d'abord des nouvelles plus favorables et la protection manifeste de la Providence avant de nous remettre en route. Je suivis volontiers le proverbe qui dit : « Le sage envisage le malheur et l'évite » (Prov., XXII, 3). Dieu m'a témoigné sa grâce en me rendant favorables les membres de cette communauté juive, qui m'a prié avec insistance de fixer ici mon séjour, ou au moins de m'y arrêter. J'ai vu que « le repos était bon et le pays agréable » (Genèse, XLIX, 15), et je me suis décidé à rester ici quelque temps. Du reste, me disais-je, « cette ville est proche » (ibid, XIX, 20), pour atteindre le but de mon voyage, plus que Tripoli ou Rhodes, car elle est située au centre de toutes les directions, comme on peut s'en convaincre par les calculs suivants : de Rhodes à Tripoli, il y a cent milles ; d'ici à Beyrouth, cent vingt milles ; d'ici à Safeth, cent quarante milles ; d'ici à Acco, deux cent milles, d'où pour aller jusqu'à Jérusalem il y a un voyage d'un jour et demi par voie de terre, représentant environ quarante milles. D'ici en Égypte (Alexandrie) il y a un trajet de deux cent cinquante milles ; d'ici à Constantinople, trois cents milles[1], le tout compté pour la voie de mer et par milles maritimes. Par tous les temps et à n'importe quelle époque, des galères partent pour aller dans tous les sens ; comme dans nos contrées on voit tous les jours des bâtiments partir p. ex. de Pesaro, suivre la voie de Venise, toucher la plupart des localités men-

1. Il faudrait plutôt, comme appréciation approximative des distances, dire : 1300 milles.

tionnées ci-dessus, englobées dans la grande péninsule (l'archipel Ionien) et dispersées jusqu'auprès de Jérusalem [1]. Examine bien le tableau des distances [2] comme je te le dresserai au bas de cette lettre, et tu comprendras mieux ma description.

Les dépenses pour la traversée maritime sont peu élevées ; car, pour huit ou dix ducats au plus, je puis louer d'abord un bateau contenant tous les membres de ma famille et emportant tous mes biens, allant, à mon choix, soit d'ici à Acre, soit à Joppé. Puis, arrivé là, il ne me reste à faire qu'un petit trajet par voie de terre, pour lequel je ne dépenserai pas plus de 5 ou 6 ducats. On a l'habitude le plus souvent de quitter d'ici le mardi ou le mercredi, de façon à arriver la veille du sabbat, soit à Safeth, soit déjà à Jérusalem. Seulement, il est à noter qu'en été les Juifs se gardent généralement de débarquer soit à Joppé, soit à Acre, craignant de rencontrer les pirates algériens (ou maltais). Mais il en est d'autres plus courageux qui n'y font pas attention et disent : « Dieu garde les innocents. » (Ps. CXVI, 6). En tous cas, depuis le commencement du mois d'octobre jusqu'à la fin de mars il n'y a aucune crainte à avoir, et l'on voyage avec plus de sécurité.

Lorsqu'on veut aller de Tripoli à Safeth, il faut actuellement passer d'abord par Damas, ce qui est un voyage de trois jours ; et de là à Safeth, il faut encore trois autres journées. En outre, à chaque escale intermédiaire on s'arrête assez longtemps pour attendre les caravanes allant d'une localité à l'autre. On dit qu'à présent le voyage est plus dangereux qu'autrefois, et la dépense est aussi forte. On m'a dit que pour transporter toute ma famille et mes biens par cette voie, il me faudra payer plus de 80 écus d'or. En outre, il y a en route bien des frontières où il faut payer des droits de douane par tête, variant de 8 à 10 *bajocchi*. Surtout l'impôt à payer dans Tripoli est lourd, et celui de Damas n'est guère moindre. Aussi ai-je tenu une comptabilité exacte de toutes mes dépenses faites pour amener jusqu'à ce point ma famille, composée de sept personnes, que Dieu garde, et onze ballots d'effets divers, y compris quatorze jours d'arrêt à Venise : le total, compté exactement, s'élève à 169 écus d'or et un quart.

Famagouste est située au bord de la mer ; toute sa surface est plane. C'est une ville fortifiée, pourvue d'une double muraille, flanquée d'un beau, grand et solide château. Elle ressemble à Pesaro. Le gouvernement y entretient toujours cinq galères vides pour surveiller et garder la mer, outre quatre capitaines qui se trouvent à cet effet dans la ville, ayant 800 mercenaires italiens sous leurs ordres. Les gens de la ville, libres par conséquent de tout service militaire, sont très convenables et propres, veillant à se préserver de tout mauvais contact, surtout de la peste, assez fréquente dans ces parties du Levant qui l'entourent. Ils prennent bien leurs précautions, comme en Italie ; et toute personne arrivant d'une localité atteinte, ou douteuse, ne peut pas entrer en ville avant d'avoir attendu quarante jours auprès du port. Les maisons de cette ville sont belles et bien construites, les routes bien entretenues. Les produits et marchandises du pays se vendent sur deux places servant de marché ; devant le palais

1. Le mot *isola* ou péninsule est peu clair dans le texte ; Élie entend sans doute la Grèce et l'Archipel.

2. Est trop insignifiant et fautif pour mériter d'être reproduit.

royal il y a une grande place fort jolie, et à tous les coins de rues on trouve des fontaines d'eau vive. La monnaie employée ici est celle de Venise de toute sorte. Un *scudo* vaut 6 livres, 10 *soldi*; un sequin, 8 livres; un *scudo* non vénitien ne vaut que 6 livres, 8 *soldi*.

On dit qu'il n'est jamais tombé de neige ici et qu'il n'y a pas gelé; même il tombe fort peu de pluie. Par contre, la chaleur est bien plus forte ici que dans toutes les contrées turques. En été, personne ne sort de la maison, sauf une heure le matin et une heure le soir, et l'été dure huit mois de l'année. Lorsqu'on veut aller d'une localité à l'autre, on y va à cheval la nuit. Telle est la conduite des gens qui veulent conserver leur santé. Pour le transport des denrées et valeurs, on emploie de grands chariots traînés par des bœufs. Mais ces chariots diffèrent des nôtres, ainsi que les bestiaux, qui sont tachetés et multicolores. On dirait que le patriarche Jacob a fait paître ici ses troupeaux. Pour chevaucher, il y a ici des montures en masse, chevaux et ânes. On loue un bon cheval pour 4 livres par jour; le fourrage est à bon compte.

L'ophtalmie règne ici souvent et elle commence d'ordinaire au jour le plus long de l'année, au solstice d'été, et dure jusqu'après l'équinoxe d'automne. Elle commence par une fièvre durant deux ou trois jours, de violents maux de tête, puis la fièvre diminue, et un flux tombe sur les yeux avec douleur et inflammation. Cet état dure de vingt à trente jours. En se préservant et s'observant bien, le mal s'en va tout seul. Il frappe toutes sortes de personnes, hommes et femmes, grands et petits. Ce doit être la suite de la chaleur; car, en ce moment, au milieu d'octobre, elle est telle que, même la nuit, nous ne pouvons supporter un drap pour nous couvrir.

Le loyer des maisons est ici le même qu'en Italie. J'ai loué une maison composée de deux grandes et belles pièces en haut avec une cuisine, outre une chambre en bas, formant une sorte de bon magasin pour serrer le vin, l'huile, le bois, ainsi qu'un poulailler; le tout pour 10 ducats par an. Personne ne peut chercher lui-même de l'eau à la fontaine, sans quoi les Grecs et les ouvriers de la galère briseraient aussitôt la cruche; mais à chaque instant des porteurs d'eau vont et viennent et te l'apportent à la maison en baril pour 2 *quadrini*, suffisant amplement pour boire et cuire un jour.

J'ai vu ici une synagogue grande, belle, ornée par une communauté d'environ vingt-cinq familles, les unes du Levant, d'autres de la Sicile, d'autres du Portugal. La haine, la discorde et la jalousie règnent au milieu d'eux. Ils n'ont pas de pauvres devant recourir à l'aumône; mais s'il vient un nécessiteux du dehors, on ne s'occupera pas de lui, comme cela se pratique en Italie. Ils n'ont pas d'autre impôt à payer qu'une somme de 26 ducats par an, remise au juge de la ville pour toute la communauté. Tous se nourrissent avec facilité, sans peine; ils n'exercent pas de profession, vivant de l'intérêt de leur capital, sauf deux ou trois moins aisés, qui n'ont pas d'argent de reste pour le prêter, mais gagnent suffisamment leur vie dans le petit commerce d'intermédiaire. Dans le reste de l'île, il n'y a nulle part de Juifs qu'ici, quoiqu'elle soit étendue et contienne environ 15 000 bourgs, nommés *casali*, en dehors de la grande capitale de l'île, appelée Nicosie [1], distante d'ici à 36 milles, ou un jour de voyage. Quiconque a besoin d'argent vient

1. Les autres grandes villes importantes n'étaient pas encore connues de l'auteur.

l'emprunter ici sur gage. Le fait est que le commerce des prêts est ici merveilleux. On ne prête à personne que contre une garantie bien sûre : point de confiance ni de crédit. Si le gage est d'or ou d'argent, on prend 20 p. 100; si c'est de la laine, ou du fil, ou de la soie, ou toute autre marchandise, on prend 25 p. 100. On garde le gage un an; puis on envoie au débiteur, à ses frais, un avertissement d'avoir à payer au plus tard dans le cours d'un mois. Si, après cet espace de temps, il ne vient pas, on porte le gage au tribunal municipal, où on le vend à la criée. Si l'argent que l'on en retire suffit à rembourser tous les frais divers, capital prêté, intérêts, frais divers, l'emprunteur reçoit l'excédent; au cas contraire, la justice accorde au prêteur un mandat sur le propriétaire pour le reliquat dû, et il a le droit d'exiger un second gage pour se couvrir du montant de ce qui lui reste dû. Il n'y a pas de banque publique des prêts [1], et nul prêteur ne sera mieux traité que son concitoyen. Tout individu qui veut se livrer à ce commerce n'a qu'à le déclarer; mais il devra tenir une comptabilité sévère des gages déposés, faire estampiller son registre par le juge, puis son livre fera foi comme un acte juridique.

Dès que les chrétiens voient arriver un juif nouveau pour séjourner ici, ils lui demandent s'il veut prêter de l'argent. En cas de réponse affirmative, ils sont gracieux avec lui, et il n'y a pas à craindre que les autres juifs le voient pour cela de mauvais œil, comme voulant empiéter sur leurs revenus. Le pays est assez vaste pour les nourrir tous. Même ils sollicitent l'étranger de prêter à leurs amis pour lesquels ils n'ont pas assez de ressources. En réalité, on fait quelquefois des emprunts de 50 000 ducats pour plus de six mois De telles sommes ne sont pas livrées au hasard. C'est une condition primordiale et un bel usage, que l'emprunteur, avant de toucher la somme prêtée sur gage, apporte un cadeau, n'eût-il qu'un écu à demander, savoir : une ou deux poules, un agneau, ou une chèvre, ou un veau, ou du vin, ou du froment, ou de l'huile, le tout selon la somme demandée. Toutefois, lorsque le gage concerne une grosse somme, le cadeau ne sera pas juste dans la proportion des petits prêts, mais il sera un don présentable, représentant pour l'année une valeur d'au moins 3 ou 4 p. 100. C'est un usage désormais établi, quoi qu'il n'ait pas pour base un texte légal et que les lois du gouvernement n'en parlent pas non plus. Un tel usage, cependant, a plus de force que la loi théorique, au point qu'il est inutile de le demander : les gens l'apportent spontanément. J'ai prêté tout mon argent apporté ici, pendant l'espace de dix jours, le tout contre de l'or et de l'argent; je n'ai pas voulu accepter des vêtements en gage, ni faire de prêts au-dessus de 30 *scudi*, ni au-dessous de trois. Parfois l'intermédiaire demande encore une somme importante pour commission, point qui nous a paru douteux, de sorte qu'il résulte que l'emprunteur paie jusqu'à 40 p. 100 d'intérêt; mais personne ne s'en soucie. Malgré cela, les habitants sont très heureux de trouver de l'argent en espèces contre gage, selon leurs besoins. En outre, chaque ouvrier, chaque manœuvre a chez lui des ustensiles d'argent ou des bijoux, car ils sont tous riches; ce qui facilite les dépôts.

1. Ceci paraît faire allusion à un vieil usage italien, non usité en l'île de Chypre.

III

Là, j'ai rencontré un homme éminent, savant dans la loi religieuse et les autres connaissances, une des gloires de notre temps, le rabbin Éliézer Aschkenazi [1], qui se rend auprès de vous et emporte mes lettres pour Venise. Il va rendre visite à sa bru, fille du parfait savant Samuel Juda, petite-fille du célèbre *Gaôn* (docteur) et érudit, le R. Méir de Padoue, pour l'amener à son fils qu'elle épouse. Il est âgé maintenant de 50 ans, et, pendant 22 ans, a exercé les fonctions de juge parmi les communautés de l'Égypte, qu'il a quittée pour une cause accidentelle. Il a préféré venir s'établir ici avec sa famille, il y a environ deux ans. Il comprend douze langues, est compétent dans bien des sciences profanes, possédant aussi du Talmud un savoir peu commun. Il fait donc honneur aux Juifs, sans compter qu'il est riche, ayant une fortune de 5 à 6 000 écus d'or. Que Dieu lui soit favorable, car depuis le jour de mon départ de Venise jusqu'à mon arrivée ici je n'ai pas vu d'homme aussi vénérable, aussi bien doué de Dieu. Dans sa maison j'ai goûté le repos de corps et d'âme; c'est un ami, un guide, un conseiller de premier ordre en toutes choses. Il m'a témoigné son affection; et je professe une telle estime pour sa science, que je serais presque tenté de séjourner ici deux ans, de me livrer aux études sous sa direction, car cette ville me satisfait complètement. Je puis bien déterminer ici mon temps le jour et la nuit; ni les affaires, ni la gestion de la maison, ne pourront me faire perdre une heure vouée à l'étude. Je veux être son élève, et il me traitera affectueusement, comme un père pour son fils, étendra ses ailes sur moi pour me protéger contre tout accident. Déjà, je viens d'être parrain chez lui, car un fils lui est né, et j'ai été son premier aide pour la cérémonie de la circoncision.

Je n'ai pas de penchant pour le peuple de cette ville. Ce ne sont que gens de mal et d'astuce, n'ayant de relations affables avec personne; c'est une populace vide de sentiments, rapace, sans foi ni crainte de Dieu. Aussi, cet honorable rabbin m'a salué avec grande joie. La maison où je demeure touche à la sienne; nous entrons tous par la même porte commune, et nul de nous ne sort, si ce n'est à l'heure de la prière. Il me sera pénible d'être séparé de lui pendant le temps qu'il sera absent, par suite de son voyage à Venise pour un mois. Puisse Dieu le ramener en bonne santé dans sa maison! Ainsi soit-il. Amen.

Au Seigneur j'adresse ma prière : je forme le vœu que R. Éliézer rencontre dans les provinces d'Italie des hommes dignes et qu'il les persuade de venir fixer ici leur domicile. Ils ne pourraient rien trouver de mieux pour eux et leur postérité. Celui qui se décidera à venir habiter les palais de Famagouste peut être certain qu'il trouvera ici de l'aisance, un entretien convenable, et il lui restera encore du temps pour servir Dieu, lui adresser des actions de grâce. Il

1. Ce savant, qui s'établit ensuite à Cremona et mourut comme grand rabbin à Cracovie en 1586, a laissé des commentaires sur Esther et d'autres livres historiques de la Bible (Venise, 1586, in-fol.) Selon la légende, il a été transporté miraculeusement la nuit de Pâques d'Egypte en Pologne, lorsque, calomnié auprès de son souverain, celui-ci voulut le tuer.

gagnera sa vie facilement, car le fait est que tous ceux qui demeurent ici semblent, comme nos ancêtres, manger de la manne céleste ; et de plus, s'il a souci de parcourir les cours de Dieu, c'est-à-dire s'il veut résider à Jérusalem, ou à Safeth, il pourra aussi exécuter ce projet. Il lui suffira, à cet effet, de mettre ses affaires en un tel ordre, que de cette ville il tire ses revenus en faisant fructifier ici son argent, pendant qu'au loin il ne mangera que l'intérêt de ses capitaux. Quant à moi, je suis désolé d'être seul ici ; car si j'avais trouvé un ami fidèle, tout à fait digne de confiance, qui demeurât ici, je lui aurais procuré une très belle position. En ce cas, je me serais sans doute décidé à laisser ici une partie des miens, et vers cette époque de l'année prochaine, je me dirigerais sur le mont des Oliviers, pour remplir le vœu que j'ai contracté d'aller en terre sainte, puis « cette partie restante de mon camp me servira de refuge ». (Genèse, XXXII, 9).

Je veux exposer maintenant avec détails les avantages et les inconvénients de cette contrée, comme j'ai pu m'en rendre compte de mes propres yeux, afin que tu puisses prendre une décision en connaissance de cause, et que Dieu soit avec toi. Les chrétiens qui demeurent à Chypre, ou Candie, ou Corfou, ou Zante, ou Constantinople, sont la plupart des Grecs et ne ressemblent nullement aux Italiens. Ils n'ont pas l'esprit aussi développé ; leurs mœurs sont singulières, diffèrent de celles de tous leurs autres coreligionnaires ; ils ne pratiquent pas les lois et les prescriptions religieuses du christianisme romain, et ils ne concordent pas avec la race latine. Ils ont un patriarche à Constantinople qui les domine, et c'est à lui que ces peuplades s'adressent. Dans leurs églises il n'y a pas de cloches, et ils ont encore bien d'autres usages variant des Italiens. Ainsi, aux jours fériés, une partie des magasins restent ouverts, d'autres sont fermés ; les uns célèbrent la fête, d'autres travaillent. Les Grecs mangent gras et de la viande n'importe quel jour de la semaine aussi bien que le dimanche ; ils font carême trois fois par an[1], s'abstenant alors de tout ce qui provient d'un être vivant, se privant même de poisson et d'œufs. Leurs popes se marient une fois, mais si la première femme meurt, ils n'en épousent pas de seconde. La plupart des Grecs sont des ouvriers. Ils ne mangent pas, pour tout l'or du monde, de ce qu'un juif a touché, et ils ne voudront jamais faire usage de ses ustensiles. Aussi, lorsqu'un juif veut leur acheter un objet, il ne devra pas le toucher, mais désigner ce qu'il voudra, de vive voix : mais, tout ce qu'il aura touché, il devra le garder. Ils repoussent la viande d'un animal égorgé, comme si c'était de la charogne, et ils ont autant d'inimitié pour les chrétiens italiens que nous pour les Karaïtes. Ils ne permettent pas à leurs femmes de se montrer en ville le jour ; c'est seulement la nuit qu'elles peuvent rendre visite à leurs amies ou aller à l'église. Ils disent que c'est par pudeur ; mais c'est en réalité pour éviter les fréquents adultères ; car ce gouvernement impur est rempli de perversion. Ce sont tous des menteurs, des trompeurs, des voleurs. Au milieu d'eux, la foi s'est perdue et annulée.

Le sel est ici d'une beauté extraordinaire, et l'on vous donne une mesure de 2 livres pour 5 *quattrini* vénitiens. Je n'ai jamais vu de plus beau pain que celui de cette ville, mais il est cher. Le froment se vend, par panier bolonais, 4 livres

1. Savoir : avant Pâques, avant la Pentecôte et la veille de Noël.

et 4 *soldi* en monnaie de Bologne. L'huile d'olive est très mauvaise, on ne peut pas la consommer, et, en la brûlant, elle répand une odeur détestable. On en vend pour 8 *quattrini* une livre de 12 onces. La plupart des gens se servent d'huile de sésame pour frotter et pour cuire, car elle est bonne. On la vend 2 *quattrini* l'once. Mais on ne peut pas la manger crue, car alors elle sent trop fort. Les olives comestibles sont ici grosses comme des noix et à bon marché, coûtant environ 15 *quattrini* par mesure de 10 livres. Mais ces olives ne mûrissent jamais complètement. C'est pourquoi on s'explique le passage du commentaire exégétique de Mizrahi sur un verset de Deutéronome (xi, 9), lorsqu'il dit qu'il y a des olives ne produisant pas d'huile. Il y a des grenades en grande quantité, les unes douces, d'autres sûres, d'autres moyennes. Elles sont fort grandes et ont des noyaux épais, beaux à voir et bons à manger; la plus grosse se paie un *quattrino*, et il paraît qu'elles se conservent toute l'année. A mon arrivée ici, leurs vendanges étaient presque achevées, car ici on cueille le raisin au mois d'août, et tous les fruits mûrissent un mois plus tôt qu'en Italie. De même, la cueillette des pêches était terminée. Je n'ai pas trouvé les raisins mangeables, sauf ceux que des vignerons apportent parfois des collines, soit noirs, soit blancs; mais ils ne se conservent que trois à quatre jours. Je me suis informé aussi pour savoir le prix du vin : on m'a répondu qu'en cette année on vendait la grande mesure bolonaise pour 3 livres, 14 *soldi* en monnaie de Bologne. Le vin est très fort, et il faut le couper en y joignant deux tiers d'eau. J'ai acheté une voiture et demie de bois pour 11 *marcelli* d'argent. Les oignons et porreaux sont plus beaux qu'en Italie, mais coûtent le double. On trouve des choux et des raves[1] en masse, puisque pour un *quattrino* on a une charge à ployer sous le faix. On trouve des légumes verts de toutes sortes : des bettes, des épinards, des carottes, de la menthe, de la marjolaine, du persil, de la rue, et d'autres du même genre, en grande quantité et à bon marché; toutes sortes de légumes secs, tels que pois, lentilles, haricots blancs, non rouges, fèves, du riz, du millet, etc., pas cher. Tous les jours, matin et soir, on peut acheter du poisson au même prix qu'en Italie. On a quatre œufs pour un *denaro*, soit un œuf pour 1 *quattrino* 1/2. Les oies et les dindes sont assez rares dans ce pays, au point que si l'on trouve une paire d'oies il faut les payer 5 à 6 *marcelli* d'argent, et la paire de dindes se paie 4 *marcelli;* les beaux poulets, 3 *marcelli;* les moyens, 2 1/2. Les cailles, dites chez nous *coturnice*, coûtent un peu plus d'un *marcello* la paire; les pigeons domestiques, un *marcello* ou un peu plus; une paire de pigeons de volière, un peu moins. On a cinq noix pour un *quattrino*, de même pour un coing, mais ils sont petits. Les pommes sont rares et mauvaises, et lorsqu'on en trouve à acheter, on n'en cède que deux pour un *quattrino*. Je n'ai pas encore vu de poires. On m'a dit que parfois des ouvriers descendant de la montagne en vendent fort cher. Les nèfles, sorbes et amandes n'existent pas du tout dans ce pays. On trouve en masse des cédrats, des citrons, des oranges, des câpres, des pistaches, des dattes, des fruits de jaquier, des figues, sèches ou vertes, à bon marché. Le fromage que l'on fabrique ici est un mélange de lait de brebis, de chèvre, de vache; mais il ne se conserve pas, parce qu'il est

1. Peut-être ce mot, peu clair, indique les choux-fleurs, nombreux dans l'île.

trop gras. La plupart des juifs d'ici font venir leur fromage de Zante ou de Tripoli, qui est assez cher.

La veille de la fête des Tabernacles, nous sommes allés dans les jardins de la ville, pour acheter des branches de palmier et des cédrats (*lulab et ethrog*, servant aux cérémonies de cette fête. Lévit., XXIII, 40). J'ai choisi pour moi une paire de chaque objet, d'une taille et d'une beauté splendides, comme je n'en ai jamais vu en Italie. Le tout ne m'a coûté qu'un *marcello* et 2 *quattrini*. L'officiant du temple m'a apporté à la maison gratis des myrtes et des branches de saule.

Les petits moutons et les agneaux, me dit-on, sont beaux et bons; il y en a beaucoup; on paie le morceau un *mocenigo* ou un peu plus, selon la grandeur. Lorsqu'on veut en acheter, il faut le prendre entier pour une ou deux familles, puisque l'on ne peut pas revendre à autrui les gigots (que les juifs ne mangent pas). En ce moment, ils n'ont pas encore apparu, et l'on dit qu'ils commenceront à venir sur le marché fin de ce mois. Jusque-là, les juifs mangent du mouton ou de la chèvre, et j'ai compté que la livre revient à 6 ou 7 *quattrini*; celle de bœuf coûte 9 *quattrini*. En réalité, cela revient plus cher par le rejet des animaux déclarés inaptes à la consommation pour défauts physiques. A Constantinople, Salonique, Candie et ici, à Chypre, les sacrificateurs juifs ont pris l'habitude d'insuffler de l'air dans les poumons en les examinant; de cette façon ils évitent bien des rejets, épargnent de l'argent aux bouchers, en conservant comme valables la plupart des animaux égorgés pour les juifs. Le miel ici est noir et gras; on le vend 2 *quattrini* la livre.

Celui qui connaît la médecine est heureux, car les Grecs tiennent les juifs pour bons médecins et se fient à eux. Il est vrai qu'ils paient un traitement ordinaire de 200 *zecchini* par an et par tête aux médecins chrétiens, tandis qu'ils paient seulement 120 *zecchini* aux juifs, ou environ une *gaceta* vénitienne par mois pour un malade. Telles sont les sortes de taxes que l'on donne aux médecins habituels.

Mais il y a aussi deux médecins juifs, un Portugais et un Romain, qui gagnent beaucoup d'argent et se font de beaux revenus de leur profession médicale. Ils sont très honorés du peuple, portent un chapeau noir avec une rouelle jaune, pas plus grande qu'un *issarion* (petite monnaie), privilège qui n'est accordé à aucun juif, puisqu'ils sont tenus de porter une coiffe entièrement jaune, comme à Venise. Les frais de blanchissage sont très élevés, et l'on demande pour ce travail le double de ce que nous avons l'habitude de payer pour cela en Italie. Les chaussures sont à bon marché, puisque l'on peut avoir de bons et grands souliers, à semelles épaisses, pour 2 *marcelli* 1/2.

Voilà un aperçu rapide de la vie, mœurs et usages en cette ville. D'après mes paroles, tu pourras te représenter approximativement ce qu'il faudrait encore. Du reste, je ne voudrais pas allonger la présente outre mesure, jusqu'à être ennuyeux. Il me faut couper court, ayant à écrire dans plusieurs villes et à différentes personnes, d'autant plus que je ne puis pas entrer dans des circonstances commerciales, n'ayant pas encore étudié la province à fond sous ce rapport et que j'en ignore les bons ou mauvais côtés. J'ai écrit à peu près dans les mêmes termes à mon frère à Pesaro et à mon honorable beau-père à Ferrare.

Si vous avez l'amabilité de me réjouir en me donnant de bonnes nouvelles sur l'état de santé des membres de votre famille, de chacun en particulier, vous me ferez grand plaisir. J'aspire à avoir votre réponse en temps opportun, pour savoir si vous êtes tous bien portants. Je désire savoir aussi s'il y a eu du nouveau dans votre pays, car jour et nuit mes yeux et mon cœur se tournent vers vous. Je ne m'endors pas sans songer à tout ce que j'ai laissé derrière moi ; même dans les visions de la nuit, dans mes rêves, je me vois assis au pied de votre lit, et je m'éveille en pleurant à la pensée d'être dans ce pays, sans avoir un seul d'entre vous à mes côtés. Quand viendra le jour où j'aurai le bonheur de vous revoir en Terre sainte? « O Éternel, ramène de nouveau les captifs comme les cours d'eau dans leurs lits desséchés. » (Ps. CXXVI, 4). Alors éclatera notre joie, et ce sera une fête pour tous les enfants de notre famille, au lieu des larmes sans fin qui ont coulé de nos yeux...

Je m'incline la face à terre devant la lumière pure de la noble femme, votre vénérable et honorée mère, et devant votre digne sœur, la dame Consilina. Que Dieu vous gratifie de nombreuses et bonnes années, vous pourvoie de richesses et de santé; que les enfants se multiplient comme les étoiles du ciel. Devant vos aimables dames et vos gracieux enfants, je plie les genoux et leur envoie le salut.

Si vous voulez m'écrire, ayez soin d'envoyer votre lettre par Venise, de façon à ce qu'elle arrive aux mains de l'honorable R. Éliézer Aschkenazi précité. Il doit s'arrêter à Venise un mois, ou un peu plus. Chaque fois qu'en dehors de cette occasion vous voudrez m'écrire et que vous trouverez une personne à Venise se chargeant de vos envois, sachez que chaque mois des navires quittent cette ville pour se rendre ici, de même que d'ici à Venise. Chaque fois que je verrai vos lettres, j'en aurai une joie infinie, en échange de votre propre vue, et de mon côté j'écrirai aussi à chaque occasion qu'un voyageur m'offrira. Il est vrai que les bâtiments abordent à la localité de Leucolla, qui est à une distance de 3 milles d'ici en mer, ou un trajet de 22 milles par voie de terre; mais, dès que les navires y arrivent, le même jour nous en recevons la nouvelle, car il y a toujours des gens qui y vont et en reviennent.

De loin, j'adresse le salut au savant R. Menahem Wallassa, le professeur dans votre noble maison. Je ne sais si son petit-fils Zacharie est encore à votre service, comme je l'espère; au cas contraire, dites-lui qu'il m'écrive aussi, ce dont je lui serai très obligé. Sur ce, je prends congé de vous, en m'inclinant et me prosternant, en vous adressant le salut.

Fait à Famagouste, le lundi 18 octobre, ou Néoménie de Heswan, de l'an 5324, par celui qui baise humblement la poussière de vos pieds, qui écrit ici en silence et vous envoie à haute voix la bénédiction de paix.

Signé : Élie de Pesaro.

EXTRAIT DE LA REVUE DE GÉOGRAPHIE DIRIGÉE PAR M. LUDOVIC DRAPEYRON.
(Livraison du mois de septembre 1879.)

[library stamp]

PARIS. - IMPRIMERIE ÉMILE MARTINET, RUE MIGNON, 2

www.ingramcontent.com/pod-product-compliance
Ingram Content Group UK Ltd.
Pitfield, Milton Keynes, MK11 3LW, UK
UKHW021157230726
13926UKWH00001B/148

9 782016 125113